Ehe – das große Geschenk

Herausgegeben von Marion Stroud

Brunnen Verlag · Gießen und Basel

Titel der englischen Originalausgabe:
„The Gift of Marriage"
© 1982 by Lion Publishing, Tring/Herts, England

Fotos:
Pictor International
24/32 Kilburn High Road, London NW6 5XW

Texte:
S. 10, 22, 34: Ulrich Schaffer, Wachsende Liebe
   Oncken-Verlag, Wuppertal
S. 17: Lothar Zenetti, Texte der Zuversicht
   Verlag J. Pfeiffer, München
S. 18: Christa Meves, Ehe-Alphabet
   Herder Verlag, Freiburg
S. 19: Erich Fromm, Die Kunst des Liebens
   Ullstein-Verlag, Frankfurt/Berlin
S. 28, 38: Jay Adams, Christsein auch zu Hause
   Brunnen Verlag, Gießen
S. 59: Walter Trobisch, Mit Dir
   Verlag Vandenhoeck & Ruprecht, Göttingen

Deutsche Bearbeitung:
Liselotte Riel-Jablonski

4. Auflage 1986

© der deutschen Ausgabe:
1982 Brunnen Verlag, Gießen
Satz: Reprosatz, Wettenberg
Herstellung: New Interlitho, Mailand
ISBN 3-7655-5769-2 (vierfarbige Ausgabe)
ISBN 3-7655-5758-7 (Geschenkausgabe)

Die Liebe hemmet nichts;
sie kennt nicht Tür noch Riegel
und dringt durch alles sich.

Sie ist ohn Anbeginn,
schlug ewig ihre Flügel
und schlägt sie ewiglich.

Matthias Claudius

Gemeinsam leben gemeinsam tragen

Und Gott der Herr sprach:
Es ist nicht gut,
daß der Mensch allein sei.
Ich will ihm eine Gehilfin machen,
die um ihn sei.

1. Mose 2,18

Ehe ist die Bereitschaft,
sein ganzes Leben
an das geliebte Du zu binden.
Ehe heißt, Heimat und Geborgenheit finden,
Ehe heißt, sich auf den Lebensgefährten
verlassen können.
Ehe schließt in sich den Willen
zur Beständigkeit, zur Wahrhaftigkeit,
zur Treue.
Freilich, sich am Hochzeitstag
wechselseitig ein solches Gelöbnis zu geben,
ist leichter gesagt,
als in den Stürmen des Lebens durchgehalten.

Adolf Köberle

Gemeinsam unterwegs

Verheiratetsein ist eine Entdeckungsreise voller
Überraschungen;
eine Reise, nicht das Ziel selber.
Eine gute Ehe will wie jede Kunst
geübt und gepflegt werden.
Wir müssen deshalb üben, alles miteinander zu teilen.
Wir müssen üben, uns aufeinander einzustellen.
Wir müssen lernen, offen miteinander zu reden
und herauszuhören, was der andere wirklich sagen will.
Wir müssen lernen, den anderen zu verstehen,
ihn immer neu zu lieben,
lernen, großzügig zu geben
und dankbar zu nehmen.
Nur so wird die Ehe zu dem Kunstwerk,
zu dem Gott sie bestimmt hat.

Liebe ist nicht das Gefühl eines Augenblicks,
sondern die bewußte Entscheidung zu einem Lebensstil.

Ulrich Schaffer

Daß wir einander bleiben

Es ist so still geworden
in meinem Herzen drin,
das macht, mir ward geschenkt
neu unsrer Liebe Sinn.

Der Weg, er währte lange,
auf dem ich zu dir fand.
Nun ist er gut zu gehen,
du nahmst mich an die Hand.

Weiß nichts von einem Ende,
noch wo ein Ziel mir steht.
Daß wir einander bleiben,
ist mein Gebet.

Gabriele Erika Süsse

Vor der Hochzeit

Lieber Herr,
du weißt, wie sehr wir uns auf unsere Hochzeit freuen und wie oft wir von ihr geträumt haben. Du weißt, daß wir jede Einzelheit geplant und schon lange eifrig gespart haben. Ich müßte nun eigentlich froh sein und bin doch unruhig.
Habe ich Angst? Oder ist es nur das flaue Gefühl, das mich jedesmal befällt, wenn ich vor etwas Neuem stehe? Und hier kommt wirklich etwas Neues auf mich zu. Morgen beginnt ja unsere große Reise. Nicht nur die Hochzeitsreise, sondern die Reise in einen völlig neuen Lebensabschnitt! Und wer weiß, wohin sie uns führen wird?
Sind nicht alle Paare am Anfang ihrer Ehe erfüllt von hochgesteckten Erwartungen an die gemeinsame Zukunft und von der Liebe zueinander; niemand heiratet in der Absicht, unglücklich zu werden.
Wir beide wollen, daß unsere Ehe gelingt. Dazu brauchen wir deine Hilfe, Herr. Du hast uns die Ehe geschenkt. Zeige uns immer wieder den richtigen Weg, und begleite uns auf unserer Reise.

Ich will
Dir treu sein

„Willst du sie als deine Ehefrau ehren
und die Ehe mit ihr
nach Gottes Gebot und Verheißung führen
in guten und in bösen Tagen,
bis der Tod euch scheidet,
so antworte: Ja, mit Gottes Hilfe."

Gehst du mit mir
dann folge ich dir
an jeden Ort

Sprichst du mit mir
dann sage ich dir
mein schönstes Wort

Lebst du mit mir
dann teil' ich mit dir
mein Haus mein Brot

Weinst du mit mir
dann bleib' ich bei dir
in aller Not

Lachst du mit mir
dann geh' ich mit dir
auf jeden Tanz

Schläfst du mit mir
dann gebe ich dir
mich selber ganz

Träumst du mit mir
dann zeige ich dir
das Paradies

Lothar Zenetti

Das Geheimnis der Ehe

Das gegenseitige Sich-Ergänzen ist keine einmalige Angelegenheit — etwa nur der jungen Jahre. Wir sind fortgesetzt in Veränderung begriffen, nicht nur in körperlicher, sondern auch in seelischer Hinsicht. Unsere Veränderungen machen immer neues Suchen und Finden der Partner nötig. Natürlicherweise machen wir auf unserem Lebensweg Zeiten größerer seelischer Ferne und neu entdeckter Nähe durch. Entfernungen sollten für uns kein Anlaß zur Verzweiflung sein. Aufmerksamkeit, Hellhörigkeit, abwartende Einfühlung sind in solchen Zeiten mehr am Platze als Fordern, Fragen und Klammern.

Christa Meves

Jesus sagte: „Gott hat die Menschen von Anfang an als Mann und Frau geschaffen. Nach seinem Willen sollen sie ein Leben lang zusammengehören. Deshalb wird ein Mann seine Eltern verlassen, um sich für immer mit seiner Frau zu verbinden. Die beiden werden eins sein und nicht länger zwei voneinander getrennte Menschen. Was also Gott zusammengefügt hat, darf der Mensch nicht scheiden."

Markus 10, 5—9

Die reife Liebe ist *Eins-Sein* unter der Bedingung, die eigene Integrität und Unabhängigkeit zu bewahren und damit auch die eigene Individualität. Die Liebe des Menschen ist eine aktive Kraft, die die Mauern durchbricht, durch die der Mensch von seinen Mitmenschen getrennt ist, und die ihn mit den anderen vereint. Die Liebe läßt ihn das Gefühl von Isolation und Getrenntheit überwinden, erlaubt ihm aber, sich selbst treu zu bleiben und seine Integrität, sein So-Sein zu bewahren. In der Liebe ereignet sich das Paradox, daß zwei Wesen eins werden und doch zwei bleiben . . .

Erich Fromm

Ein Geschenk für uns

Mann und Frau
werden ein Fleisch sein.

1. Mose 2,24

Wie hat Gott das gemeint?
Können wir „ein Leib" werden?
Die körperliche Vereinigung kann
berauschen, sie läßt uns aber nur
vorübergehend „eins" sein. Die meiste Zeit
bleiben wir eben zwei Menschen, die
einander lieben, aber grundverschieden
sind — bis hinein in ihr Denken,
Empfinden und Handeln, in ihren Beruf,
ihre Neigungen und Abneigungen.

Wie ist dieses Eins-Werden also gemeint?
Keinesfalls sollen wir unsere eigene
Persönlichkeit aufgeben, sondern so
miteinander verschmelzen, daß
Schwächen des einen durch Stärken des
andern ausgeglichen werden.
In der Ehe sollen Mann und Frau
Entfaltung, Ergänzung und ungeahnte
Weite statt Einengung oder Begrenzung
erfahren.
Die Gewißheit, geliebt und verstanden zu
sein, gibt beiden Partnern Schutz und
Geborgenheit, ja ganz besondere Freiheit.

liebe ist nie besitz
und kann nicht auf vorrat angelegt werden
und die liebe von gestern
nützt mir heute nichts

liebe ist der zustand gott in uns zu haben
liebe muß ständig erneuert werden
liebe kommt als geschenk zu uns

liebe wächst aus dem erleben mit gott
liebe wächst wenn wir uns selbst annehmen
liebe wächst wenn wir einander annehmen

Ulrich Schaffer

Die Liebe ist langmütig und freundlich,
die Liebe ist nicht eifersüchtig,
die Liebe treibt nicht Mutwillen,
sie bläht sich nicht auf,
sie verletzt nicht den Anstand,
sie sucht nicht das Ihre,
sie läßt sich nicht erbittern,
sie trägt das Böse nicht nach,
sie freut sich nicht über Unrecht,
sie freut sich vielmehr an der Wahrheit;
sie erträgt alles,
sie glaubt alles,
sie hofft alles,
sie duldet alles.

1. Korinther 13, 4—7

Laßt uns einander lieben,
denn Gott hat uns zuerst geliebt.

1. Johannes 5,19

Du bleibst in mir bewahrt.
Du Fremdes bist mein Eigen
und wirst nicht altern je
an Zeit und Leid.
Dich will ich hüten,
dich verschweigen,
dich trag ich, wie du bist,
in meine Ewigkeit.

Heinrich Suso Waldeck

Laßt die Sonne nicht über eurem Zorn untergehen!
Epheser 4, 26

Heute

Wenn wir wüßten, daß unser Leben morgen endet,
würden wir dann den heutigen Tag mit Streit vergeuden?
Würden wir die kostbaren Stunden in eisigem Schweigen
verstreichen lassen?
Würden wir uns noch hinter dieser unsichtbaren Mauer verschanzen
und sie nur durchbrechen, um uns weitere böse Worte
entgegenzuschleudern?

Wenn wir wüßten, daß unser Leben morgen endet,
würde ich Dir heute Deine Fehler und Schwächen
nicht mehr vorhalten,
würde ich Dir nicht länger vorwerfen,
Du habest mit dem Streit begonnen,
würde ich noch heute als erster nachgeben,
würde ich noch heute den Krieg beenden,
der uns beide zu Verlierern macht.

Weil wir nicht wissen, ob unser Leben morgen endet,
deshalb gehen wir heute sorgsam und liebevoll miteinander um
und versuchen, jede einzelne Minute mit Lachen und Liebe
zu erfüllen, sind wir so freundlich und heiter,
daß unsere Herzen dabei froh werden, vermeiden wir alles,
was Bitterkeit, Unfrieden und Zerstörung bewirkt.

Wer weiß, ob heute nicht doch unser letzter Tag ist?
Heute ist die einzige Zeit, die uns wirklich gehört.
Deshalb will ich, daß unsere Hände und Herzen
sich heute wiederfinden.
Deshalb sage ich heute zu Dir: „Es tut mir leid. Ich liebe Dich!"

Vergeben und vergessen

Wenn ein junges Paar zu mir kommt und getraut werden möchte, frage ich es immer, ob sie schon einmal gründlich Streit gehabt haben; nicht nur eine Meinungsverschiedenheit, sondern einen richtigen Kampf.
Die meisten sagen: „O nein, Herr Pfarrer, wir lieben uns doch!" Ich antworte ihnen dann: „Streitet euch erst einmal richtig, dann werde ich euch trauen."
Natürlich kommt es dabei nicht auf den Streit selbst an, sondern auf die Fähigkeit, sich vorbehaltlos zu versöhnen. Dies muß vor der Heirat eingeübt werden.

Jay Adams

Die Ehe ist die hohe Schule der Liebe. Zu Beginn halten wir die Liebe für selbstverständlich, weil wir einfach verliebt sind. Dann merken wir, daß der Partner anders ist als wir und daß es darum geht, ihn so, wie er ist, anzunehmen.

Theodor Bovet

Führt euer Leben in aller Demut, Sanftmut und Geduld. Ertragt einander in Liebe und bemüht euch, die Einigkeit im Geist zu wahren durch das Band des Friedens. Seid zueinander freundlich und herzlich und vergebt einander, wie auch Gott euch in Christus vergeben hat.

Epheser 4, 2.3.32

Es tut mir leid

Liebe Mama!

Heute nachmittag wollte ich für immer nach Hause zu euch zurückkommen. Wir hatten uns gestritten. Ich rannte aus der Wohnung. Niemals wollte ich zu ihm zurück!

Aber ihr wart nicht da. Das war gut so, denn dadurch hatte ich Zeit, eine Weile allein zu sein und alles in Ruhe zu überdenken. Mir fiel ein, was du am Tag unserer Hochzeit zu mir gesagt hast. Erinnerst du dich noch?

„Du bist uns jederzeit willkommen", sagtest du, „aber von jetzt ab ist dein Zuhause bei deinem Mann. Wenn ihr Streit habt, dann helfe ich dir gern, deine Tränen zu trocknen, aber ich werde nie Partei für dich ergreifen.

Wir helfen auch gern beide, wenn ihr Probleme zu viert besprechen wollt, aber bei lieblosem Gerede machen wir nicht mit."

Ich danke euch, daß ich in eurem Haus Frieden und Geborgenheit erleben durfte. Jetzt gehe ich nach Hause und sorge dafür, daß diese auch bei uns wieder einkehren.

Bald sind wir zu dritt

Herr, du Schöpfer allen Lebens,
niemand hat dir zugesehen,
als du die Welt und die Menschen schufst.
Aber nun willst du Menschen dabei haben,
wenn du neues Leben werden läßt.
Wir können nur staunen und dir danken.
Wir freuen uns auf unser Kind!

Ich danke dir für alle Geborgenheit und Liebe,
die ich in diesen Monaten erfahre.
Ich bekenne dir aber auch meine Angst,
die ich vor Menschen nicht eingestehe,
die Angst vor den Schmerzen.
Nimm mir alle Wehleidigkeit, und laß mich tapfer sein.

Angst habe ich auch vor einem mißgestalteten
oder geistesschwachen Kind.
Ich weiß nicht, ob wir es lieben könnten.
Nimm uns diese quälenden Gedanken.

Wir bitten dich für die vor uns liegenden Monate.
Laß uns, während das Kind wächst,
auch wachsen zu rechten Eltern.
Lehre uns, uns selbst zu vergessen
und für andere zu leben.
Bewahre uns vor egoistischer Liebe
und mache unser Herz weit für alle,
die uns brauchen.

Danke

danke für die sorgfalt
mit der du aus unserem haus ein heim machst
und aus unserem wohnzimmer
mehr als nur einen schönen raum
einen ort an dem mein geist frei sein kann
wo ich ausruhen und mich behaglich fühlen kann

danke für die blumen auf meinem schreibtisch
und für den gestopften pullover
und für die wahl der musik auf dem stereo
mit der du mich wecktest

danke daß du mir die freiheit gibst zu schweigen
danke daß du diesmal sogar deine worte
heruntergeschluckt hast
als du merktest daß ich unfähig war
noch mehr zu verkraften

danke daß du die dinge in die hand genommen hast
als ich einfach nicht mehr konnte
als zuviel einfach zuviel war

danke für deine geduld
die mir erlaubt
mich natürlich zu entwickeln

danke daß du deine angst
dein kämpfen deine liebe
und dein leben mit mir teilst

Ulrich Schaffer

Ehemann sein

Einer ordne sich dem anderen unter
in der gemeinsamen Ehrfurcht vor Christus.
Ihr Männer liebt eure Frauen,
wie Christus seine Gemeinde geliebt hat.
Darum sind die Männer verpflichtet,
ihre Frauen so zu lieben wie ihren eigenen Leib.
Wer seine Frau liebt, liebt sich selbst.

Epheser 5, 21.25.28

Trink Wasser aus deiner eigenen Zisterne,
Wasser, das aus deinem Brunnen quillt.
Dir allein soll sie gehören,
kein Fremder soll teilen mit dir.
Freu dich der Frau deiner Jugendtage.
Ihre Liebkosung mache dich immerfort trunken,
an ihrer Liebe berausch dich immer wieder.
Warum solltest du dich an einer Fremden berauschen
und eine andere liebkosen?

Sprüche 5, 15.17—20

Auf alle meine Treue
sag ich Dir's zu,
Du bist es, Du,
der ich mich einzig freue.
Mein Herze, das sich jetzt so quält,
hat Dich und keine sonst erwählt.

Paul Fleming

Ein Mann soll „Vater und Mutter verlassen und seiner Frau anhangen". Die Beziehung zwischen Eltern und Kindern ist zwar sehr eng, doch wird sie an keiner Stelle der Bibel mit Ausdrücken wie „ein Leib", „anhangen" oder „soll der Mensch nicht scheiden" beschrieben. Mann und Frau dagegen sollen sich für die ganze Zeit ihres Lebens verbinden und ihre seelische, geistige und körperliche Gemeinschaft bis zum Tode pflegen.

Wer deshalb seinen Kindern ein guter Vater sein will, muß ihrer Mutter ein guter Ehemann sein. Kinder brauchen nicht die *ganze* Liebe und Fürsorge der Eltern. Eltern, die den größten Teil ihrer Zeit und Interessen den Kindern widmen, handeln falsch — auch an ihren Kindern.

Kinder brauchen vor allem Eltern, die einander lieben und miteinander zu leben verstehen. Das ist das kostbarste Geschenk, das Eltern ihren Kindern machen können.

Jay Adams

Wem Gott eine tüchtige Frau
schenkt, der hat etwas
Köstliches bekommen, köstlicher
als die wertvollsten Perlen! Ihr
Mann kann sich in jeder Hinsicht
auf sie verlassen. Alles, was sie
tut, geschieht aus Liebe zu ihm,
und ihr Leben lang sucht sie nur
sein Bestes. Sie redet nicht
unbedacht, sondern klug und
gütig. Sie sorgt gut für die
Familie und arbeitet fleißig in
ihrem Haushalt.

Nach Sprüche 31,10—12.25—27

Würdest du gleich einmal
von mir getrennt,
lebtest da,
wo man die Sonne kaum kennt;
ich will dir folgen
durch Wälder, durch Meer,
durch Eis, durch Eisen,
durch feindliches Heer!

Simon Dach

Zuhören und verstehen

Danke, Herr,
daß wir als Liebende miteinander
sprechen können; danke für das
Geschenk der Worte!

Danke, daß du uns
einander geschenkt hast
und daß wir Hoffnungen und Pläne,
Probleme und Ängste
miteinander teilen können.

Danke für die Zusage, daß „in der Liebe
keine Furcht" ist. Dadurch können wir
vollkommen ehrlich und ganz wir selbst
sein. Wir brauchen nicht zu befürchten,
daß unser Ehepartner uns ablehnt oder
sich über uns lustig macht.

Danke, daß du uns erfahren läßt, wie
wichtig das Zuhören ist; mit dem Herzen
und nicht nur mit den Ohren. Und wenn
in manchen Situationen die Worte fehlen,
dann kann die Liebe so vieles nur durch
ein Lächeln ausdrücken:
„Ich trage dies mit Dir!"
„Du machst Deine Sache gut!"

Danke, daß du uns gezeigt hast, wie
wichtig Geduld ist — etwa um
Meinungsverschiedenheiten so
ausführlich zu besprechen, daß beide
Ansichten berücksichtigt sind.
Danke, daß du den gesprächigen Partner
lehrst, sich kurz zu fassen, und den
ruhigen ermutigst, sich zu äußern.

Abendgebet

Vater,
sei bei denen,
die ich lieb habe.
Erhalte sie mir.
Schütze sie vor Versuchungen,
und laß ihre Gedanken
Früchte bringen,
die dich verherrlichen.

Schenke ihnen,
wenn Kummer über ihre Seele kommt,
deine Gnade, Geduld und Vertrauen
auf deine Macht,
damit sie stark bleiben.

Gieße Frieden
über ihren Schlummer aus.
Laß uns in dein Reich kommen,
damit wir vereint
deinen Namen preisen.

Willkommen bei uns

Ich meinte, daß unsere Wohnung erst richtig eingerichtet sein muß, bevor Gäste sich bei uns wohlfühlen können. Du jedoch sagtest: „Kommt einfach mal vorbei", und als sie da waren, hast Du ihnen wie selbstverständlich einen Sitzplatz auf dem Fußboden angeboten. Und schon war die Wohnung fertig eingerichtet — mit Menschen, Liebe und Lachen.

Ich dachte, wenn wir Leute zum Essen einladen, muß ich dafür stundenlang vorbereiten und kochen. Du hingegen sagtest: „Ihr seid uns jederzeit willkommen. Ihr bekommt das Beste, was wir gerade haben!" So hielten wir vor der Garage ein Picknick mit belegten Broten, während Du nebenher am Auto weitergearbeitet hast. Ein anderes Mal gaben wir am Küchentisch ein „großes Festessen" mit Spiegeleiern.

Ich glaubte, Gäste über Nacht zu haben, sei ein ganz besonderes Ereignis. Du aber sagtest: „Bei uns steht ein Bett leer. Bleib, so lange du magst!" Seither ist das winzige Zimmerchen mit seinen nackten Regalen und dem schmalen Bett nie lange unbenutzt.

Ich war der Meinung, unser Zuhause gehört uns. Doch nun lerne ich von Dir: „Öffne Tür und Tor für andere. Unser Heim ist ein Geschenk, das wir mit anderen teilen wollen."

Was ein Haus bedeuten kann, ist heute bei den Menschen in Vergessenheit geraten, uns anderen aber ist es gerade in unserer Zeit klar geworden. Es ist eine Gründung Gottes in der Welt, der Ort, an dem — was immer in der Welt vorgehen mag — Friede, Stille, Freude, Liebe, Reinheit, Zucht, Ehrfurcht, Gehorsam, Überlieferung und in dem allen Glück wohnen soll.

Dietrich Bonhoeffer

Zeit haben und frei sein

„Heute machen wir uns einen schönen Tag miteinander. Es wird Zeit!" sagtest Du. „Die Arbeit zu Hause kann warten!"

So stopften wir die Schmutzwäsche zurück in den Korb, schlossen die Tür zu dem halb-tapezierten Zimmer und schoben die Arbeit zur Seite, wie man ein Werkzeug aus der Hand legt.

Dann gingen wir Hand in Hand am menschenleeren Strand spazieren. Später lachten wir über die Enten auf dem Weiher, denen wir altes Brot zuwarfen. Bei einem Trödler fanden wir sogar das Buch, nach dem wir schon so lange gesucht hatten.

Was machte eigentlich das Besondere dieses Tages aus? War es der warme Sonnenschein, der alles in pures Gold verwandelte? Vielleicht trug jedes dieser Erlebnisse dazu bei und doch zugleich keines von ihnen.

Heute war ein besonderer Tag — weil wir uns Zeit füreinander nahmen. Zeit, um miteinander zu sprechen, um zu entdecken, wie und was der andere denkt.

Wurzeln und Flügel

Nur zwei Dinge können wir Dir, mein kleiner Sohn, mitgeben, die Bestand haben. Das eine sind Wurzeln, das andere Flügel.

Du hast so viele reizende Geschenke bekommen. Jedes ist ein Zeichen für die Freude über Deine Geburt. Aber Du brauchst so manches, was wir Dir nicht kaufen können: Wurzeln und Flügel, Geborgenheit und Freiheit.

In allen einschlägigen Büchern steht, daß wir Dir Sicherheit geben müssen und das Gefühl, geliebt zu werden — was auch geschehen mag.

Aber wir sind eben auch nur Menschen und als Eltern erst recht Anfänger. Es können Zeiten kommen, wo wir gar nicht so viel Liebe zu Dir empfinden und der rauhe Alltag Löcher in das Gewebe unserer Familie reißt.

Vater im Himmel, bitte rüste uns dann mit deiner Liebe aus! Uns unterlaufen immer wieder Fehler — du aber bist vollkommen.

Freiheit vermitteln ist noch schwieriger. Instinktiv wollen wir unser Kind beschirmen und schützen, prägen und erziehen. So viele Gefahren umgeben es ja!

Aber bei all unserer Fürsorge mußt Du, kleiner Mann, doch Du selbst sein dürfen. Du sollst zu der einzigartigen Persönlichkeit heranwachsen, zu der Gott Dich bestimmt hat, und nicht die schlechte Kopie eines anderen Menschen werden.

Herr, bitte hilf ihm, seine Gaben zu entdecken und zu entfalten. Und wenn wir dann alles getan haben, was wir für ihn tun konnten, dann gib uns den Mut, zurückzutreten und ihn „fliegen" zu lassen. Wir wollen darauf vertrauen, daß deine Arme ihn festhalten, wohin auch immer sein Weg ihn führt.

Liebe und Geborgenheit

Sein Tun ist je und je großmütig und verborgen;
und darum hoff ich, fromm und blind,
er werde auch für unsere Kinder sorgen,
die unser Schatz und Reichtum sind.

Und werde sie regieren, werde für sie wachen,
sie an sich halten Tag und Nacht,
daß sie wert werden und auch glücklich machen,
wie ihre Mutter glücklich macht.

Matthias Claudius

Ein Kind, das von Anfang an die schützende Liebe der Mutter erfährt, entwickelt eine seelische Grundhaltung, ein „unzerstörbares Urvertrauen". Es ist die tiefe Gewißheit, daß man, was immer sich ereignet, geborgen ist. Es ist eine Substanz an Wärme und Sicherheit, die sich nicht aufzehrt, von der man noch als Erwachsener leben kann. Menschen, die diese Haltung entwickeln konnten, bleiben nicht bewahrt vor Krisen und Anfechtungen, aber sie haben die Chance, sie besser durchzustehen. Sie können glücklich werden und glücklich machen. Sie können mit anderen fühlen, wie mit ihnen gefühlt worden ist.

Max König

Danke

Herr, ich danke dir,
daß ich nicht allein bin.
Du gabst mir einen Menschen,
der mich liebt, wie ich bin,
der mit mir leidet,
der mich tröstet und aufrichtet,
der sich mit mir freut,
der auf mich wartet
und für mich da ist Tag und Nacht.

Ich danke dir, daß du uns
zwei gesunde Kinder geschenkt hast.
Ich danke dir für das Gespräch miteinander,
für das immer neue Gespräch.
Ich danke dir,
daß wir aufeinander hören können,
daß wir einander vertrauen dürfen.
Ich danke dir für die immer neue Liebe,
für das ständige Tragen,
für das gemeinsame Gebet.

Herr, ich danke dir,
daß du uns ein gemeinsames Ziel
gegeben hast: dich selbst.

„In eurer Ehe sollte es einen geheimen und geschützten Ort geben, zu dem nur ihr Zutritt habt", sagte jemand zu uns. „Stellt euch einen Garten vor, der mit einer hohen Mauer umgeben ist und zu dessen Tür nur ihr den Schlüssel besitzt. Wenn ihr diesen Garten betretet, dann seid ihr nicht länger Mutter oder Vater, Hausfrau oder Angestellter — und was ihr sonst im Alltag für eine Aufgabe habt. Hier seid ihr einfach ihr selbst: zwei Menschen, die einander lieben. Jetzt könnt ihr euch einmal ganz auf die Bedürfnisse des andern einstellen."

So legten wir diesen Garten an. In der ersten Zeit gingen wir auch oft hinein und nahmen uns Zeit füreinander. Wir freuten uns aneinander, wir tauschten unsere geheimsten Gedanken aus und wurden so immer fester miteinander verbunden, immer tragfähiger.

Aber mittlerweile sind unsere Tage gefüllt, drängen sich bei uns die Termine. Unser Gespräch wurde zu gekritzelten Mitteilungen auf einem Zettel, und das Tor zu unserem Garten ist fast völlig vom Unkraut der Geschäftigkeit zugewuchert. Wir geben vor, keine Zeit mehr zu haben. Dabei vergessen wir: Die Liebe wächst, wenn sie gepflegt wird, und sie stirbt, wenn wir sie vernachlässigen.

Ich nehme deshalb Deine Hand und führe Dich wieder in unseren Garten. Die Zeit, die wir dort miteinander verbringen, ist nicht verschwendet. Sie ist gut investiert für das Wachsen unserer Liebe und damit für die Zukunft!

Reif werden

Der Pfarrer, der uns traute, hatte sieben Kinder. Nach dreißig Jahren Ehe erkrankte seine Frau. Sie hatte einen Tumor im Gehirn. Das bedeutete, daß sie nicht mehr klar denken konnte. Sie hatte einen seltsamen Drang, von zu Hause wegzulaufen. Ihr Mann mußte praktisch Tag und Nacht auf sie achten.

Je mehr die Krankheit fortschritt, um so schwerer fiel ihr das Gehen und Sprechen. Ihr Mann mußte ihr in allen Dingen helfen: beim Essen, beim Waschen und Ankleiden. Das dauerte fünfzehn Jahre.

Seine Freunde schlugen ihm oft vor, seine Frau in ein Heim für unheilbar Kranke zu geben. Aber er weigerte sich und sagte: „Sie ist meine Frau und die Mutter meiner sieben Kinder. Ich werde sie nie fortgeben."

Kurz vor ihrem Tode besuchte ich sie noch einmal. An diesem Tage ging es ihr ein wenig besser, und sie konnte etwas sprechen. Da hat sie mir folgendes anvertraut: „Ingrid, mein Mann liebt mich heute immer noch genauso, wie er mich als Braut geliebt hat."

Ingrid und Walter Trobisch

Die Leidenschaft flieht,
die Liebe muß bleiben.

Friedrich von Schiller

Liebe und Treue

Herr, wir danken dir,
daß du uns zusammengeführt hast
und wir einander gehören dürfen.
Wir trauen auf dich
und befehlen dir unseren gemeinsamen Weg.
Hilf uns, bei dir zu bleiben
und uns an dein Wort zu halten.
Gib uns die Liebe,
die das Beste für den anderen sucht.
Gib uns Treue und Geduld.
Bringe uns in Freude und Leid näher zu dir.